国学好萌

GuoXue
Hao Meng

主　编：孙　曙

副主编：黄贵英　简真民

编　者：谢伯平　刘校豆

　　　　杨智威　李弈希

重庆出版集团 重庆出版社

图书在版编目（CIP）数据

国学好萌 / 孙曙主编 . -- 重庆：重庆出版社，2016.1
ISBN 978-7-229-10964-6

Ⅰ . ①国… Ⅱ . ①孙… Ⅲ . ①小学语文课 –
教学参考资料 Ⅳ . ① G624.203

中国版本图书馆 CIP 数据核字 (2016) 第 010906 号

国学好萌

GUOXUEHAOMENG

孙曙　主编

责任编辑：汪熙坤　黄　海
版式设计：秦钰林　黄　尧
封面设计：羊震宇

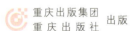

重庆出版集团
重庆出版社　出版

重庆市南岸区南滨路 162 号 1 幢　邮政编码：400061　Http:/www.cqph.com
三河市同力彩印有限公司　印装

开本：787mm×1092mm　1/16　印张：10.5　字数：40 千
2016 年 3 月第 1 版　2021 年 6 月第 3 次印刷

ISBN 978-7-229-10964-6
定价：78.00 元

"学史可以看成败、鉴得失、知兴替；学诗可以情飞扬、志高昂、人灵秀；学伦理可以知廉耻、懂荣辱、辨是非。"国学如何影响人生，习近平主席一语道破。

一曲曲童谣、一笔笔汉字、一句句诗文、一首首学堂乐歌、一个个民间故事、一篇篇神话传说，都能让孩子们持续走向丰盈、高贵和坚韧。国学之名下，是我们民族最灿烂的色彩，最鲜活的记忆。

《国学好萌》，是儿童与经典文化的最美相遇。这种相遇绝不是静默无声的花开，不是一词一句的呆板文字。通过它你会发现，除了有趣童真的美术插图、精美时尚的装帧设计、现代环保的纸张油墨，原来旧文字也可以"萌"起来！

在这里，直接用耳朵去听童谣吧，汉字也有自己的好朋友，唐诗宋词不要再死记硬背，还有发生在身边的民间故事，最酷炫的神话传说……儿童的"纯真"与国学的"呆萌"在这里发生了奇妙的化学反应，爱与美、人性、成长、幻想、哲理……

《国学好萌》就是这样一本神奇的书籍，在当下的时光里滋润、塑造着童年的心灵和情感世界，并陪伴、感动我们未来的生命和岁月。

编者

2016 年 1 月

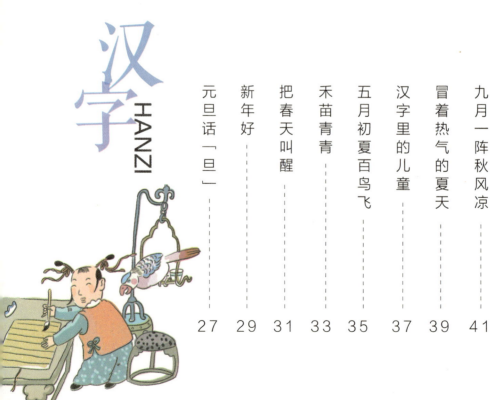

SHIWEN 诗文

神话传说

SHENHUACHUANSHUO

这童声，充满着孩子世界的美，也飘荡着大自然的春水清风。它从课室的窗棂、檐下飘出，在山野、田畈间晕染，在竹林、溪桥间回响，那是人世的明亮，也是永恒的少年记忆与成年眷念。

（本章绘图：王晓鹏、光宇、虎子）

童 谣

—

莺啼陌上人归去

小花鼓

yí miàn xiǎo huā gǔ
一面小花鼓，

gǔ shàng huà zhī hǔ
鼓上画只虎。

xiǎo chuí qiāo pò gǔ
小槌敲破鼓，

mā ma ná bù bǔ
妈妈拿布补。

bù zhī shì bù bǔ gǔ
不知是布补鼓，

hái shì bù bǔ hǔ
还是布补虎？

童谣
TONG YAO

* 朗读指导 *

lǎng dú zhī qián xiān liàn xí bù bǔ gǔ hǔ sì gè zì de
朗读之前先练习"布""补""鼓""虎"四个字的

dú yīn yào tè bié zhù yì hǔ de fā yīn yīn wèi fāng yán róng yì jiāng dú chéng
读音。要特别注意"虎"的发音，因为方言容易将 hǔ 读成

jiā kuài yǔ sù yǔ xiǎo huǒ bàn bǐ yi bǐ kàn shuí dú de yòu kuài yòu hǎo
fǔ，加快语速，与小伙伴比一比，看谁读得又快又好。

过年了

呼呼，呼呼，雪花飘。

噼啪，噼啪，放鞭炮。

咚锵，咚锵，玩龙灯。

哈哈，哈哈，过年了。

＊朗读指导＊

"呼呼"表现雪花飘，要读得
轻一些，慢一些；"噼啪"和"咚
锵"读得短促又清脆，如临其境；
"哈哈"要传递我们的快乐。

鸭 子

yā zi guāi guāi　　mú yàng guài guài
鸭子乖乖，模样怪怪，

chì bǎng pāi pāi　　pì gu wāi wāi
翅膀拍拍，屁股歪歪，

zǒu lù bǎi bǎi　　huá jī kě ài
走路摆摆，滑稽可爱，

shuǐ lǐ bǐ sài　　yóu de kuài kuài
水里比赛，游得快快。

＊ 朗读指导 ＊

lǎng dú shí　　bǎ zhòng yīn fàng zài měi yí jù de hòu liǎng gè zì shàng　　dú de kuài sù　　tiào
朗读时，把重音放在每一句的后两个字上，读得快速、跳

yuè　　hái kě jiè zhù zhī tǐ dòngzuò　　bǎ yā zi de kě ài biǎoxiànchū lái
跃。还可借助肢体动作，把鸭子的可爱表现出来。

我鹅

pō shàng lì zhe yì zhī é
坡上立着一只鹅，

pō xià jiù shì yì tiáo hé
坡下就是一条河。

kuān kuān de hé　　féi féi de é
宽宽的河，肥肥的鹅，

é yào guò hé　　hé yào dù é
鹅要过河，河要渡鹅。

bù zhī shì é guò hé
不知是鹅过河，

hái shì hé dù é
还是河渡鹅。

＊朗读指导＊

xiǎo kuài bǎn shì de ér gē　　kuān kuān de hé　　féi féi de é
小快板式的儿歌，"宽宽的河，肥肥的鹅"

zhè yàng de duǎn jù　　yào dú de yì yáng dùn cuò　　jié zòu gǎn qiáng
这样的短句，要读得抑扬顿挫，节奏感强。

TONG YAO
童谣

gāo gāo shān shàng yì tiáo téng
高高山上一条藤，

téng tiáo tóu shàng guà tóng líng
藤条头上挂铜铃。

fēng chuī téng dòng tóng líng dòng
风吹藤动铜铃动，

fēng tíng téng dìng tóng líng tíng
风停藤定铜铃停。

＊ 朗读指导 ＊

读绕口令要做到吐字清晰、发音准确，我们可以先试着念好念准易出差错的关键字音。比如这首，可以先练习发准"藤""铜""动""铃""停"等后鼻韵母的读音，读好它们就一定没什么问题啦！

画凤凰

fěn hóng qiáng shàng huà fèng huáng
粉红墙上画凤凰，

hóng fèng huáng　　fěn fèng huáng
红凤凰，粉凤凰，

fěn hóng fèng huáng　　hóng fěn fèng huáng　　huáng fèng huáng
粉红凤凰，红粉凤凰，黄凤凰。

* 朗读指导 *

lǎng dú qián xiān liàn xí fěn fèng de zhèng què
朗读前，先练习"粉""凤"的正确

dú yīn rán hòu dān dú liàn xí fěn hóng fèng huáng hóng fěn
读音，然后单独练习"粉红凤凰""红粉

fèng huáng de kuài sù lǎng dú wán zhěng lǎng dú shí bù jǐn
凤凰"的快速朗读。完整朗读时，不仅

yǔ sù yào kuài ér qiě zhù yì zài biāo diǎn fú hào chù shāo zuò
语速要快，而且注意在标点符号处稍作

tíng dùn zhè yàng jiù néng dú de yòu kuài yòu zhǔn què
停顿，这样就能读得又快又准确。

大兔子和大肚子

dà tù zi hé dà dù zi
大兔子和大肚子

dà tù zi
大兔子，

dà dù zi
大肚子，

dà dù zi de dà tù zi
大肚子的大兔子，

yào yǎo dà tù zi de dà dù zi
要咬大兔子的大肚子。

朗读指导

xiǎo dú zhě zài lǎng dú zhè shǒu rào kǒu lìng de shí hou yào zhù yì
小读者在朗读这首绕口令的时候，要注意
tù dù de fā yīn qū bié tóng shí zài dòng zuò shàng pèi hé tù zi de huó po
"兔""肚"的发音区别，同时在动作上配合兔子的活泼
xíngxiàng yí dìngnéng dú de yòukuàiyòuhǎo
形象，一定能读得又快又好。

半半歌

yǒu gè hái zi jiào bàn bàn
有个孩子叫半半，

qǐ chuáng yǐ jīng qī diǎn bàn
起床已经七点半。

xié zi chuān yí bàn
鞋子穿一半，

liǎn er xǐ yí bàn
脸儿洗一半，

zǎo fàn chī yí bàn
早饭吃一半，

kè běn dài yí bàn
课本带一半，

shàng xué lù shàng bàn bàn pǎo
上学路上半半跑，

guāng zhe yì zhī xiǎo jiǎo bǎn
光着一只小脚板。

朗读指导

zhè shǒu tóng yáo miáo shù le xǔ duō xiǎo péng you zǎo chén shàng xué qián de huāng luàn jǐng xiàng
这首童谣描述了许多小朋友早晨上学前的慌乱景象：

qǐ chuáng tài wǎn dān xīn chí dào kě xié zi méi chuān hǎo liǎn er méi xǐ jìng yā zěn me
起床太晚，担心迟到。可鞋子没穿好，脸儿没洗净……呀！怎么

bàn lǎng dú shí xiǎngxiǎng nǐ shì bànbàn yí yàng de hái zi ma
办？朗读时，想想你是半半一样的孩子吗？

七棵树上结七样儿

yī èr sān　　sān èr yī
一二三，三二一，

yī èr sān sì wǔ liù qī
一二三四五六七。

qī gè ā yí lái zhāi guǒ
七个阿姨来摘果，

qī gè huā lánr　　shǒu zhōng tí
七个花篮儿手中提。

qī kē shù shàng jiē qī yàngr
七棵树上结七样儿，

píng guǒ　　táo er　　shí liu
苹果、桃儿、石榴、

shì zi　　lǐ zi　　lì zi　　lí
柿子，李子、栗子、梨。

＊朗读指导＊

dú zhè shǒu rào kǒu lìng shí　yào tè bié zhù yì dān yùn
读这首绕口令时，要特别注意单韵

mǔ de fā yīn　kě yǐ yǔ bà mā pèi hé　nǐ dú shuǐ guǒ
母i的发音。可以与爸妈配合，你读水果

míng　ràng bà mā fēn bié gēn jù nǐ de fā yīn xùn sù zài tú zhōng
名，让爸妈分别根据你的发音迅速在图中

zhǎo dào duì yìng de shuǐ guǒ　kàn shuí zhǎo de yòu kuài yòu zhǔn
找到对应的水果，看谁找得又快又准。

有个小孩叫小杜

yǒu gè xiǎo hái jiào xiǎo dù
有个小孩叫小杜，

shàng jiē dǎ cù yòu mǎi bù
上街打醋又买布。

mǎi le bù dǎ le cù
买了布打了醋，

huí tóu kàn jiàn yīng zhuā tù
回头看见鹰抓兔。

fàng xià bù gē xià cù
放下布搁下醋，

shàng qián qù zhuī yīng hé tù
上前去追鹰和兔。

fēi le yīng pǎo le tù
飞了鹰跑了兔，

sǎ le cù shī le bù
洒了醋湿了布。

* 朗读指导 *

dú zhī qián yào tè bié zhù yì dù bù cù tù zhè jǐ gè zì
读之前，要特别注意"杜""布""醋""兔"这几个字！

nǐ kě yǐ qǐng bà ba mā ma yì qǐ wán fēn jiě yóu xì nǐ zhī dú měi háng de hòu sān gè
你可以请爸爸妈妈一起玩分解游戏：你只读每行的后三个

zì ràng bà ba mā ma dú qián miàn de zì shú liàn le zài jué sè hù huàn
字，让爸爸妈妈读前面的字；熟练了再角色互换。

扁担和板凳

biǎn dan cháng
扁担长，

bǎn dèngkuān
板凳宽。

biǎn dan méi yǒu bǎn dèngkuān
扁担没有板凳宽，

bǎn dèng méi yǒu biǎn dan cháng
板凳没有扁担长。

biǎn dan bǎng zài bǎn dèng shàng
扁担绑在板凳上，

bǎn dèng bú ràng biǎn dan bǎng zài bǎn dèng shàng
板凳不让扁担绑在板凳上，

biǎn dan piān yào biǎn dan bǎng zài bǎn dèng shàng
扁担偏要扁担绑在板凳上。

＊ 朗读指导 ＊

zhè shǒu rào kǒu lìng niàn shú zhī hòu   kě yǐ bàn zhe màn yì diǎn de   yuán sù yīn yuè   mā
这首绕口令念熟之后，可以伴着慢一点的 rap 元素音乐，妈

ma dāng cái pàn   hái zi hé bà ba   yí xià   bǐ bǐ shuí dú de gèng liú lì gèng zhǔn què
妈当裁判，孩子和爸爸 pk 一下，比比谁读得更流利更准确。

甲骨文的刻痕、行草的挥洒，每一个汉字的一撇一捺都有祖先最温暖精神的沉淀，那横平竖直承载的是民族的品格。汉字，是孩子与文化最深情的相遇。

（本章绘图：胡晓蕊）

汉 字

一撇一捺有深情

元旦话 " 旦 "

yuán dàn dào　　　 hā hā xiào
元 旦 到 ， 哈 哈 笑 。

xiǎo péng you　　 xīn nián hǎo
小 朋 友 ， 新 年 好 !

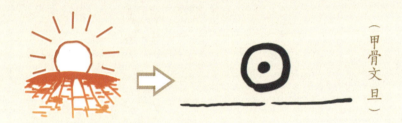

（甲骨文旦）

　　　dàn　　zì shàng miàn shì yí gè　　rì　　zì　 biǎo shì tài yáng　 xià miàn de yì
　　 " 旦 " 字 上 面 是 一 个 " 日 " 字 ， 表 示 太 阳 ， 下 面 的 一

héng dài biǎo dì píng xiàn　　suǒ yǐ　　dàn　　de běn yì jiù shì tài yáng yuè guò dì píng xiàn
横 代 表 地 平 线 。 所 以 " 旦 " 的 本 意 就 是 太 阳 越 过 地 平 线 ，

zhèng màn màn shēng qǐ lái
正 慢 慢 升 起 来 。

汉字 HAN ZI

生活中的旦

xīn nián dì yī tiān　　wǒ duì mā ma shuō
新年第一天，我对妈妈说：

yuán dàn kuài lè　　　dàn　　mǒu　yì tiān
"元旦快乐！"（旦：（某）一天。）

cóng wǎn shàng yì zhí gōng zuò dào tiān liàng
从晚上一直工作到天亮。

dàn　　tài yáng shēng qǐ　tiān liàng le
（旦：太阳升起，天亮了。）

zài xì jù zhōng　　nǚ jué sè tǒng chēng wéi dàn jué
在戏剧中，女角色统称为旦角。

dàn　　xì qǔ zhōng de nǚ jué sè
（旦：戏曲中的女角色。）

读图造字

旦 + l = ☐ 上　　　扌 + 旦 = ☐ 子　　　月 + 旦 = ☐ 小

新年好

xīn	nián	dào		xīn	nián	dào
新	年	到	，	新	年	到 ，
tiē	duì	lián		fàng	biān	pào
贴	对	联	，	放	鞭	炮 ，
pī	lī	pā	lā	xià	yí	tiào
噼	里	啪	啦	吓	一	跳 ，
xiǎo	péng	you	men	hā	hā	xiào
小	朋	友	们	哈	哈	笑 。

（甲骨文 年）

生活中的"年"

gǔ shí hou de   nián   zì   xià miàn shì yí gè   rén   bèi shàng káng zhe   hé
古时候的"年"字，下面是一个"人"，背上扛着"禾"

chéng shú de zhuāng jia   suǒ yǐ   nián   zuì zǎo de yì si shì zhuāng jia de shōuchéng
（成熟的庄稼）。所以，"年"最早的意思是庄稼的收成。

拜年：庄稼收割完毕，人们在一起欢庆丰收，这个节就称作"年"。所以，"年"又用来表示"年节"。

今年：这里的"年"表示时间。

益寿延年：祝寿辞。这里的"年"表示"岁数"。

年的故事

传说，古代有一种长着四只角，脾气很暴躁的年兽，每到除夕夜就出来害人。渐渐地，人们发现年兽害怕火光、声音与红色，于是就在三十那天贴红色的对联、放鞭炮来赶走它，这也就慢慢形成了过年的习俗。

把春天叫醒

春风至，百草青，

桃花开放，

绿竹生笋，

草长莺飞满目春。

（甲骨文 春）

qiáo chūn zì bǎo bao de jiā lǐ yǒu shù lín yǒu tài yáng hái yǒu yì
瞧！"春"字宝宝的家里有树林、有太阳，还有一

kē zhèng zài fā yá de zhǒng zi suǒ yǐ chūn de yì si shì yán dōng guò hòu fēng hé rì
颗正在发芽的种子。所以春的意思是严冬过后，风和日

nuǎn cǎo mù de zhǒng zi shēng gēn fā yá yí pài shēng jī bó bó de jǐng xiàng
暖，草木的种子生根发芽，一派生机勃勃的景象。

找春天

chūn tiān zài nǎ lǐ chūn tiān zài nà qīng cuì de shān lín lǐ zhè lǐ yǒu hóng
"春天在哪里？春天在那青翠的山林里，这里有红

huā ya zhè lǐ yǒu lǜ cǎo hái yǒu nà huì chàng gē de xiǎo huáng lí
花呀，这里有绿草，还有那会唱歌的小黄鹂。"

xiǎo péng you yǔ bà mā yì qǐ pāi xià nǐ yǎn zhōng de chūn tiān bìng hé xiǎo huǒ
小朋友，与爸妈一起拍下你眼中的春天，并和小伙

bàn bǐ yi bǐ kàn shuí pāi de zuì měi
伴比一比，看谁拍得最美。

禾苗青青

chūn tiān lái le　　tián yě lǐ de hé miáo suí zhe chūn fēng chuī fú xíng chéng yì gǔ gǔ lǜ
春天来了，田野里的禾苗随着春风吹拂形成一股股绿

sè de bō làng　　jīn tiān　　wǒmen jiù lái rèn shi yí xià yǒuguān　　hé de wén zì xì fǎ
色的波浪。今天，我们就来认识一下有关"禾"的文字戏法。

（甲骨文 禾）

qiáo zhè gè　　hé　　zì　　kàn qǐ lái dào suì zhòng zhòng de　　bǎ　　hé　　de shēn tǐ dōu yā
瞧这个"禾"字，看起来稻穗重重的，把"禾"的身体都压

wān le　　suǒ yǐ　　hé　　de běn yì jiù shì jié suì chéng shú de gǔ lèi zuò wù
弯了。所以"禾"的本意就是结穗成熟的谷类作物。

hé miáo chéng shú le　　yǒu yì tiān　　yì bǎ dāo lái dào le　hé miáo shēn biān　　tā
禾 苗 成 熟 了， 有 一 天， 一 把 刀 来 到 了 禾 苗 身 边， 它

yào gàn shén me ne
要 干 什 么 呢？

 + = 　lì
利

yuán lái　　shōu gē hé miáo xū yào yì bǎ　　fēng　　lì　　de dāo
原 来， 收 割 禾 苗 需 要 一 把 □ □ 的 刀

cái xíng
才 行。

shōu gē hé miáo shí zài tài lèi le　　xiū xi yí xià　　gān diǎn
收 割 禾 苗 实 在 太 累 了， 休 息 一 下， 干 点

shén me yǒu qù de shì ne
什 么 有 趣 的 事 呢？

 + = 　hé
和

kàn ya　　xì xì de jiē gǎn jìng rán zài kǒu zhōng fā chū le
看 呀， 细 细 的 秸 秆 竟 然 在 口 中 发 出 了

měi miào　hé　　xié　de shēng yīn
美 妙 □ □ 的 声 音。

"禾" 字加减法

禾 + 中 = □　　　禾 - 丿 = □　　　禾 + 几 = □

五月初夏
百鸟飞

xià fēng duō nuǎn nuǎn　shù mù yǒu fán yīn　zài niǎo er de míng jiào shēng zhōng
夏风多暖暖，树木有繁阴。在鸟儿的鸣叫声中，

xià tiān yǐ jīng lái dào　xiǎo dú zhě　nǐ tīng dào niǎo míng le ma
夏天已经来到。小读者，你听到鸟鸣了吗？

（甲骨文 鸟）

kàn　　niǎo　zì zuì zǎo de xíng zhuàng shì bu shì jiù xiàng yì zhī niǎo　hái yǒu
看，"鸟"字最早的形状是不是就像一只鸟，还有

jiān jiān de zuǐ hé xì xì de jiǎo zhǎo　hòu lái　dà bù fen yǔ niǎo xiāng guān de zì
尖尖的嘴和细细的脚爪。后来，大部分与鸟相关的字，

dōu yòng　niǎo　zuò piān páng
都用"鸟"作偏旁。

niǎo er shì tiānshēng de gē chàng jiā
鸟儿是天生的歌唱家。

鸟 + 口 = 鸣

jiù shì niǎo de jiàoshēng
就是鸟的叫声。

niǎo de yì diǎn dài biǎo yǎn jing rú guǒ méi yǒu yǎn jing le ne
鸟的一点，代表眼睛，如果没有眼睛了呢？

鸟 一 丶 = 乌

biǎo shì wū yā
表示乌鸦。

yuán lái wū yā quán shēn dōu shì hēi de hēi yǎn jing kàn shàng qù jiù xiàng méi
原来，乌鸦全身都是黑的，黑眼睛看上去就像没

yǒu yí yàng
有一样。

帮助"鸟"儿找朋友

又 + 鸟 = ☐　　甲 + 鸟 = ☐

我 + 鸟 = ☐　　合 + 鸟 = ☐

汉字里的儿童

liù yuè de yáng guāng càn làn　　xiǎo péng you yě hěn kāi xīn　　yīn wèi liù yuè yǒu ér
六月的阳光灿烂，小朋友也很开心，因为六月有儿

tóng jié　　qí shí hàn zì lè yuán lǐ yě yǒu ér tóng ne　　bǐ rú wǒ men jīn tiān yào rèn shi
童节。其实汉字乐园里也有儿童呢，比如我们今天要认识

de　ér　zì
的"儿"字。

头

手臂

身体

（甲骨文 儿）

小读者，看"儿"字最早像不像一个面朝左边的大头娃娃？可娃娃的头顶中间为什么是开口的呢？这是表示孩子的头骨还没有长合在一起。大头的下面，向左伸出了手臂，再往下是身子和腿。"儿"就是表示头骨还没有密合在一起的人，就是孩子啊！

后来"儿"也表示爸爸妈妈叫孩子。

再后来，"儿"又专指男孩子了。

古诗文中的儿童

儿童急走追黄蝶，飞入菜花无处寻。——〔宋〕杨万里《宿新市徐公店》

大儿锄豆溪东，中儿正织鸡笼。——〔宋〕辛弃疾《清平乐·村居》

两小儿辩日。——《列子·汤问》

冒着热气的夏天

xià tiān lái le tiān rè de xiàng zhǔ kāi shuǐ yí yàng dào chù dōu mào zhe rè
夏天来了，天热得像煮开水一样，到处都冒着热

qì xiǎo péng you men shāo wēi dòng yi dòng jiù quán shēn dà hàn lín lí zhè dōu shì gāo
气。小朋友们稍微动一动，就全身大汗淋漓，这都是高

wēn rě de huò kě nǐ men rèn shi zhè gè zuì kuí huò shǒu wēn zì ma
温惹得祸。可你们认识这个"罪魁祸首"——"温"字吗？

水蒸气

孩子

（甲骨文 温）

澡盆

wēn zì zuì zǎo jiù xiàng yí gè xiǎo hái zhàn zài pén lǐ xǐ zǎo yīn wèi shuǐ
"温"字最早就像一个小孩站在盆里洗澡。因为水

wēn gāo shēn tǐ dōu bèi zhēng téng qǐ lái de shuǐ qì bāo wéi zhe ne xiǎo péng you
温高，身体都被蒸腾起来的水汽包围着呢。小朋友，

nǐ men yě yí dìng yǒu guò zhè yàng de jīng lì ba suǒ yǐ wēn zuì zǎo jiù shì
你们也一定有过这样的经历吧！所以，"温"最早就是

wēn nuǎn de yì si
温暖的意思。

wēn dù hé shì rén men jiù huì jué de tè bié shū fu
温度合适，人们就会觉得特别舒服，

suǒ yǐ wēn yòu yǒu wēn hé wēn róu zhī yì
所以"温"又有"温和""温柔"之意。

wēn nuǎn de gǎn jué shì màn màn shèn tòu dào quán shēn
温暖的感觉是慢慢渗透到全身

de wēn yòu yǒu le wēn xí de yòng fǎ xiǎo
的，"温"又有了"温习"的用法，小

péng you men jiù cháng wēn xí gōng kè a
朋友们就常温习功课啊。

帮"温"字找朋友

| wēn | shì | wēn | quán | wēn | dù |
| 温 | □ | 温 | □ | 温 | □ |

| wēn | gù | zhī | xīn |
| 温 | □ | □ | □ |

九月一阵秋风凉

yì nián róng yì yòu qiū fēng　jiǔ yuè lái lín　ài zhè qiū gāo qì shuǎng de tiān qì
一年容易又秋风，九月来临，爱这秋高气爽的天气，

hái yǒu gèng kě ài de yuán yuán míng yuè zhōng tiān zhào　jīn tiān　wǒ men jiù lái rèn shi zhè
还有更可爱的圆圆明月中天照。今天，我们就来认识这

měi lì de　qiū　zì
美丽的"秋"字。

虫
火
（甲骨文 秋）

xiǎo péng you kàn zuǒ bian de qiū zì xià miàn shì huǒ shàng miàn
小朋友，看！左边的"秋"字下面是火，上面

shì yì zhī chóng zi yīn wèi gǔ rén zài qiū tiān shōu huò zhuāng jia hòu yào fén shāo jiē
是一只虫子，因为古人在秋天收获庄稼后，要焚烧秸

gǎn yǐ biàn xiāo miè hài chóng suǒ yǐ qiū zuì zǎo de yì si shì shōuhuò
秆，以便消灭害虫。所以，"秋"最早的意思是"收获"。

hòu lái jiù bǎ shōuhuò de jì jié chēng wéi qiū tiān
后来就把"收获"的季节称为"秋天"。

zài hòu lái rén men yòu yòng qiū lái biǎo shì yì nián de
再后来，人们又用"秋"来表示一年的

shí jiān
时间。

古诗文中的"秋"

chūn zhòng xià zhǎng qiū shōu dōng cáng
春种、夏长、秋收、冬藏。——《鬼谷子》

yí rì bú jiàn rú gé sān qiū
一日不见，如隔三秋。——《诗经》

kōng shān xīn yǔ hòu tiān qì wǎn lái qiū
空山新雨后，天气晚来秋。——〔唐〕王维《山居秋暝》

少年中国说

一 玉 口 中国， 一 瓦 顶 成家。

都 说 国 很 大， 其实 一 个 家。

十月里天高气爽，让我们一起唱响这首歌唱祖国的歌谣。

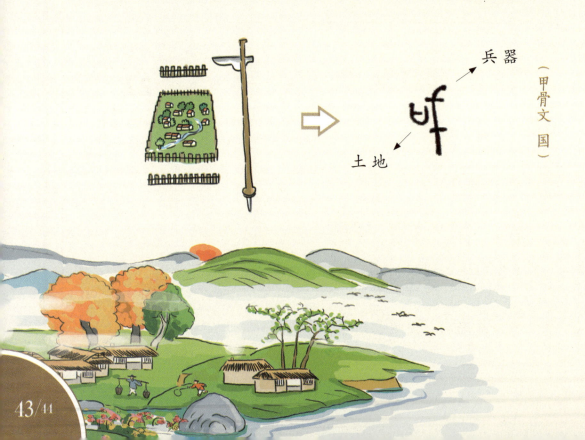

兵器

土地

（甲骨文 国）

kàn guó zì zài jiǎ gǔ wén shí de yàng zi jiù shì huò zuǒ bian de kǒu shì chéng shì tǔ dì yòu bian de gē dài biǎo wǔ lì fàng zài yì qǐ jiù shì yòng wǔ lì bǎo wèi chéng shì tǔ dì

看，“国”字在甲骨文时的样子就是“或”，左边的“口”是城市、土地；右边的“戈”代表武力，放在一起就是用武力保卫城市、土地。

dào le jīn wén shí rén men yòu gěi zuǒ bian de kǒu sì zhōu jiā shàng sì tiáo duǎn xiàn biǎo shì guó jiè suǒ yǐ guó yì zhí yǐ lái jiù biǎo shì guó jiā yòng wǔ lì shǒu hù de tǔ dì

到了金文时，人们又给左边的“口”四周加上四条短线表示国界。所以，“国”一直以来就表示“国家”“用武力守护的土地”。

xiàn dài rén men wèi le gèng jiǎn dān de shū xiě jiù bǎ guó zì lǐ miàn de huò guó biàn chéng le yù guó

现代，人们为了更简单地书写，就把“国”字里面的“或”（國）变成了“玉”（国）。

“国”之谜语

yí kuài yù zhēn zhēn guì
一块玉，真珍贵，

yí gè fāng kuàng sì miàn wéi
一个方框四面围。（猜一字）

líng shòu
零售。（猜一国家名）

tā men liǎng rén dōu bú jiàn le
他们两人都不见了。（猜一国家名）

"朋""友" 大不同

秋日里天高气爽， 小溪绿水澄亮，
qiū rì lǐ tiān gāo qì shuǎng　　xiǎo xī lù shuǐ chéng liàng

空中野鸟低翔， 四郊一片好风光。
kōng zhōng yě niǎo dī xiáng　　sì jiāo yí piàn hǎo fēng guāng

右手
右手
（甲骨文 友）

看，两人右手相握，这个动作就是"友"字最早的样子。像
kàn　liǎng rén yòu shǒu xiāng wò　zhè gè dòng zuò jiù shì　yǒu　zì zuì zǎo de yàng zi　xiàng

老朋友见面，两人都伸出右手，紧紧相握。
lǎo péng you jiàn miàn　liǎng rén dōu shēn chū yòu shǒu　jǐn jǐn xiāng wò

认识了"友"，它的好兄弟"朋"你了解吗？
rèn shi le　yǒu　tā de hǎo xiōng di　péng　nǐ liǎo jiě ma

朋（𣶒）是不是很像两串贝壳连在一起？"朋"最早是表示
péng　　　　shì bu shì hěn xiàng liǎng chuàn bèi ké lián zài yì qǐ　péng　zuì zǎo shì biǎo shì

"贝"数量的词。在很早之前，五个贝壳为一串，两串在一起叫
bèi　shù liàng de cí　zài hěn zǎo zhī qián　wǔ gè bèi ké wéi yí chuàn　liǎng chuàn zài yì qǐ jiào

一朋。人们就用"朋"来引申表示"朋友"之意。
yì péng　rén men jiù yòng　péng　lái yǐn shēn biǎo shì　péng you　zhī yì

xiǎo dú zhě　　yuē shàng jǐ gè hǎo péng you
小读者，约上几个好朋友，

yì qǐ yuǎn zú qiū yóu　　tóng bǎ gē er chàng
一起远足秋游，同把歌儿唱。

好朋友，读一读

xué xiào lǐ　　péng you duō
学校里，朋友多。

yì tóng wán shuǎ　　yì tóng shàng kè
一同玩耍，一同上课。

jīn tiān de gōng kè jīn tiān zuò
今天的功课今天做，

míng tiān hái yǒu xīn gōng kè
明天还有新功课。

滴水成冰的冬天

（甲骨文 冰）

突起的冰块

水

冰块

（小篆 冰）

yí yè běi fēng qǐ　　tiān dì bīng xuě hán　　　bīng　　zì zuì zǎo jiù biǎo shì yán hán
一夜北风起，天地冰雪寒。"冰"字最早就表示严寒

xià shuǐ lǐ tū qǐ de bīng kuài　　hòu lái rén men yòu wèi tā jiā shàng le　　shuǐ　　biǎo shì
下水里突起的冰块。后来人们又为它加上了"水"，表示

bīng　　shì yóu shuǐ níng jié ér chéng de
"冰"是由水凝结而成的。

（冫）shì "冰冻" de yì si，xiàng shuǐ níng jié hòu de xíng（冫）是 "冰冻" 的意思，像水凝结后的形

zhuàng xiǎo péng you nǐ fā xiàn méi yǒu yí gè zì fán shì yǒu zuò wéi
状。小朋友，你发现没有，一个字凡是有 "冫" 作为

zǔ chéng bù fen dà dōu yǒu hán lěng de yì si
组成部分，大都有 "寒冷" 的意思。

	dōng			lěng	
	冬			冷	

	hán			dòng	
	寒			冻	

	líng			liè	
	凌			冽	

儿歌一起读

dōng tiān dào tiān lěng le chuāng shàng jié mǎn bīng chuāng huā
冬天到，天冷了，窗上结满冰窗花。

yǒu de xiàng shān hú yǒu de xiàng shù chà
有的像珊瑚，有的像树杈，

yǒu de xiàng shān yǒu de xiàng tǎ
有的像山，有的像塔。

yā huà er huà de zhè me měi
呀，画儿画得这么美，

shuí shì qiǎo shǒu xiǎo huà jiā
谁是巧手小画家？

那春风春鸟、秋月秋蝉，那清明的细雨、七夕的流萤，那张继的枫桥、王安石的梅花……古诗古文的每一个字都充满了深情。慢慢翻阅，总是可以从中获得一种单纯的快乐。从声韵、节奏，轻轻敲击，触摸着这个世界。

（本章绘图：胡晓蕊）

诗文
—

溪上青青草

乡村生活也美丽

chūn shuǐ cái shēn
春 水 才 深 ，

qīng cǎo àn bian yú fǔ qù
青 草 岸 边 渔 父 去 。

xī yáng bàn luò
夕 阳 半 落 ，

lù shā yuán shàng mù tóng guī
绿 莎 原 上 牧 童 归 。

——〔清〕车万育《声律启蒙》

诗文今说

▼

chūn tiān lái le　　xuě huà le　　hú shuǐ yě yīn cǐ zhǎng gāo le xǔ
春天来了，雪化了，湖水也因此涨高了许

duō　àn biān zhǎng mǎn le　lǜ yōu yōu de qīng cǎo　yú wēng bǔ le hěn duō yú
多。岸边长满了绿油油的青草，渔翁捕了很多鱼

huí jiā
回家。

xī yáng xī xià　wǎn fēng qīng qīng de chuī zhe　mù tóng qí zhe niú
夕阳西下，晚风轻轻地吹着，牧童骑着牛

er　mànyōuyōu de zǒu zài huí jiā de lù shàng
儿，慢悠悠地走在回家的路上。

对对子

▼

chūn duì xià　　qiū duì
春对夏，秋对 _____。

shuǐ qiǎn duì
水浅对 _____。

fāngzhái shí yú mǔ　　cǎo wū　　　jiān
方宅十余亩，草屋 _____ 间。

méi zi　　　　xìng zi féi　màihuā xuě bái cài huā xī
梅子 _____ 杏子肥，麦花雪白菜花稀。

我们都是好伙伴

fēng cǎi cài huā
蜂 采 菜 花 ，

jiǎo dài huáng jīn fēi bu qǐ
脚 带 黄 金 飞 不 起 。

què zhēng méi ruǐ
雀 争 梅 蕊 ，

kǒu xián bái yù jiào nán kāi
口 衔 白 玉 叫 难 开 。

——〔明〕司守谦《训蒙骈句》

诗文今说

jīn huáng de yóu cài huā kāi mǎn dà dì　　　mì fēng zài huā cóng zhōng fēi lái fēi qù　　yīn wèi
金黄的油菜花开满大地，蜜蜂在花丛中飞来飞去。因为

cǎi le tài duō huā mì　　zhòng de mì fēng dōu fēi bu qǐ lái le
采了太多花蜜，重得蜜蜂都飞不起来了。

méi huā shèng kāi　　fēn fāng de huā ruǐ yǐn lái le xǔ duō má què　　tā men zuǐ lǐ xián mǎn
梅花盛开，芬芳的花蕊引来了许多麻雀，它们嘴里衔满

bái yù yí yàng de huā ruǐ　　dōu méi fǎ zhāng kāi le
白玉一样的花蕊，都没法张开了。

小精灵找朋友

xiǎo péng you　　dà zì rán zhōng de xiǎo jīng líng men hé nǐ men yí yàng　　yě yǒu zì jǐ yào hǎo
小朋友，大自然中的小精灵们和你们一样，也有自己要好

de xiǎo huǒ bàn　　nǐ néng bāng tā men zhǎo zhǎo ma
的小伙伴，你能帮它们找找吗？

dù juān huā　　　　　　mì fēng　　　　　　méi huā　　　　　　huáng yīng
杜鹃花　　　　　　蜜蜂　　　　　　梅花　　　　　　黄莺

liǔ shù　　　　　　xǐ què　　　　　　yóu cài huā　　　　　　dù juān
柳树　　　　　　喜鹊　　　　　　油菜花　　　　　　杜鹃

答案：杜鹃花——杜鹃、油菜花——蜜蜂、梅花——喜鹊、黄莺——柳树

春暖花香好读书

yì nián zhī jì zài yú chūn
一 年 之 计 在 于 春 ，

yí rì zhī jì zài yú chén
一 日 之 计 在 于 晨 。

——《增广贤文》

诗文今说

yì nián néng fǒu huò dé hǎo de shōu cheng zài yú chūn tiān de zhòng zhí yì tiān zuì hǎo de
一年能否获得好的收成在于春天的种植；一天最好的

guāng jǐng shì qīng chén zhǐ yǒu lì yòng hǎo qīng chén cái huì yǒu gèng hǎo de shōu huò
光景是清晨，只有利用好清晨才会有更好的收获。

司马光的圆木枕头

司马光小时候是一个贪睡的孩子，经常受到老师的责罚和同伴的嘲笑，于是司马光下决心改掉贪睡的坏毛病。

一天晚上睡觉前，司马光用一截圆圆的木头做成枕头，晚上司马光只要一翻身，枕头便会"咣当"一声滚落到地上，司马光被惊醒后立刻起床读书。自从有了这个圆木枕头，司马光再也没有贪睡过，每天早早起床读书，最终成为一个学识渊博的大文豪。

清晨，大脑处于最放松的状态，记忆效率较高，是我们最宝贵的学习时光。就连贪睡的司马光都要想方设法早起晨读。小朋友，你也快点起床读书吧！

春来杨柳绿

yì dī yáng liǔ lù
一 堤 杨 柳 绿 ，

sān jìng jú huā huáng
三 径 菊 花 黄 。

——〔清〕车万育《声律启蒙》

诗文今说

chūn tiān　　 cháng dī shàng de yáng liǔ cuì lù qīng xīn　 qiū tiān　　 xiǎo lù liǎng bian de
春天，长堤上的杨柳翠绿清新；秋天，小路两边的

jú huā jīn huáng càn làn　 yáng liǔ shì chūn tiān de dài biǎo　 jú huā shèng kāi biǎo shì qiū
菊花金黄灿烂。杨柳是春天的代表，菊花盛开表示秋

tiān dào lái le　 zhè liǎng jù hù xiāng duì yìng　 yòng zuì jiǎn dān de wén zì miáo xiě chū
天到来了。这两句互相对应，用最简单的文字描写出

chūn tiān hé qiū tiān de měi
春天和秋天的美。

找一找

<ruby>小<rt>xiǎo</rt></ruby><ruby>朋<rt>péng</rt></ruby><ruby>友<rt>you</rt></ruby>，<ruby>春<rt>chūn</rt></ruby><ruby>老<rt>lǎo</rt></ruby><ruby>师<rt>shī</rt></ruby><ruby>和<rt>hé</rt></ruby><ruby>秋<rt>qiū</rt></ruby><ruby>老<rt>lǎo</rt></ruby><ruby>师<rt>shī</rt></ruby><ruby>带<rt>dài</rt></ruby><ruby>着<rt>zhe</rt></ruby><ruby>学<rt>xué</rt></ruby><ruby>生<rt>shēng</rt></ruby><ruby>去<rt>qù</rt></ruby><ruby>游<rt>yóu</rt></ruby><ruby>玩<rt>wán</rt></ruby>。<ruby>可<rt>kě</rt></ruby><ruby>是<rt>shì</rt></ruby>，<ruby>两<rt>liǎng</rt></ruby><ruby>个<rt>gè</rt></ruby><ruby>班<rt>bān</rt></ruby><ruby>的<rt>de</rt></ruby><ruby>学<rt>xué</rt></ruby><ruby>生<rt>shēng</rt></ruby><ruby>混<rt>hùn</rt></ruby><ruby>在<rt>zài</rt></ruby><ruby>了<rt>le</rt></ruby><ruby>一<rt>yì</rt></ruby><ruby>起<rt>qǐ</rt></ruby>，<ruby>两<rt>liǎng</rt></ruby><ruby>位<rt>wèi</rt></ruby><ruby>老<rt>lǎo</rt></ruby><ruby>师<rt>shī</rt></ruby><ruby>很<rt>hěn</rt></ruby><ruby>着<rt>zháo</rt></ruby><ruby>急<rt>jí</rt></ruby>，<ruby>你<rt>nǐ</rt></ruby><ruby>能<rt>néng</rt></ruby><ruby>帮<rt>bāng</rt></ruby><ruby>她<rt>tā</rt></ruby><ruby>们<rt>men</rt></ruby><ruby>找<rt>zhǎo</rt></ruby><ruby>到<rt>dào</rt></ruby><ruby>各<rt>gè</rt></ruby><ruby>自<rt>zì</rt></ruby><ruby>的<rt>de</rt></ruby><ruby>学<rt>xué</rt></ruby><ruby>生<rt>shēng</rt></ruby><ruby>吗<rt>ma</rt></ruby>？

<ruby>菊<rt>jú</rt></ruby><ruby>花<rt>huā</rt></ruby>

<ruby>月<rt>yuè</rt></ruby><ruby>饼<rt>bing</rt></ruby>

<ruby>重<rt>chóng</rt></ruby><ruby>阳<rt>yáng</rt></ruby><ruby>节<rt>jié</rt></ruby>

<ruby>燕<rt>yàn</rt></ruby><ruby>子<rt>zi</rt></ruby>

<ruby>春<rt>chūn</rt></ruby><ruby>老<rt>lǎo</rt></ruby><ruby>师<rt>shī</rt></ruby>

<ruby>秋<rt>qiū</rt></ruby><ruby>老<rt>lǎo</rt></ruby><ruby>师<rt>shī</rt></ruby>

<ruby>杨<rt>yáng</rt></ruby><ruby>柳<rt>liǔ</rt></ruby>

<ruby>清<rt>qīng</rt></ruby><ruby>明<rt>míng</rt></ruby><ruby>节<rt>jié</rt></ruby>

<ruby>青<rt>qīng</rt></ruby><ruby>团<rt>tuán</rt></ruby>

<ruby>大<rt>dà</rt></ruby><ruby>雁<rt>yàn</rt></ruby>

夏日荷香

fēng dìng hé xiāng xì
风定荷香细，

rì gāo huā yǐng chuí
日高花影垂。

——〔明〕司守谦《训蒙骈句》

诗文今说

fēng tíng le　kě yǐ wén dào hé huā qīng xīn de xiāng wèi　tài yáng zhào zài huā shàng
风停了，可以闻到荷花清新的香味；太阳照在花上，

huā de yǐng zi luò zài dì shàng　zhè liǎng jù hù xiāng duì yìng　yòng　xì　chuí liǎng gè
花的影子落在地上。这两句互相对应，用"细""垂"两个

zì　miáo xiě chū chū xià de hè xiāng　huā yǐng
字，描写出初夏的荷香、花影。

许将童年妙对

许将是宋仁宗时的状元。在他九岁那年夏天，跟亲人去游玩，路上口渴难耐，就向路边一位老伯讨茶喝。老伯看许将形象斯文，很像读过书的样子，就有心考一考他："小哥，要喝茶当然可以，但要请你对对子。对出来，我才给茶。"

小许将虽然口渴得很，但却懂得尊重长者，就很有礼貌地说："请老伯赐教，让小童见识见识。"

这时一阵微风吹过，带来阵阵荷花香，老伯捻须说出上联："风定荷香细"。

小许将眨眨眼，看着花园中的花，拍拍小脑袋，不慌不忙地对出下联："日高花影垂"。

许将话刚说完，众人拍手称妙，老伯也暗暗佩服，连忙叫人送上了茶水。

江南为何如此美

jiāng nán hǎo
江 南 好 ，

fēng jǐng jiù céng ān ⭐
风 景 旧 曾 谙 。

rì chū jiāng huā hóng shèng huǒ
日 出 江 花 红 胜 火 ，

chūn lái jiāng shuǐ lǜ rú lán
春 来 江 水 绿 如 蓝 。

néng bú yì jiāng nán
能 不 忆 江 南 ？

——〔唐〕白居易《忆江南》

⭐ 谙：熟悉。

诗文今说

▼

zhè shǒu cí shì bái jū yì lǎo nián shí huí yì jiāng nán fēng jǐng ér xiě   jiāng nán duō me měi
这首词是白居易老年时回忆江南风景而写。江南多么美

hǎo   nà lǐ de fēng jǐng wǒ céng jīng hěn shú xi   rì chū shí   jiāng biān de huā duǒ yán sè xiān yàn
好，那里的风景我曾经很熟悉。日出时，江边的花朵颜色鲜艳

shèng guò huǒ yàn   chūn tiān lái le   jiāng shuǐ qīng chè bì lǜ   hǎo xiàng bèi cǎo rǎn lǜ le   rú cǐ
胜过火焰。春天来了，江水清澈碧绿，好像被草染绿了。如此

měi jǐng   zěn néng jiào rén bù huái niàn jiāng nán
美景，怎能叫人不怀念江南？

古诗词中的江南

▼

zhèng shì jiāng nán hǎo fēng jǐng   luò huā shí jié yòu féng jūn
正是江南好风景，落花时节又逢君。

——〔唐〕杜甫《江南逢李龟年》

chūn fēng yòu lǜ jiāng nán àn   míng yuè hé shí zhào wǒ huán
春风又绿江南岸，明月何时照我还？

——〔宋〕王安石《泊船瓜洲》

采扁豆

gǔ xiàng shǎo rén xíng
古 巷 少 人 行，

xīn yuè wān wān shòu
新 月 弯 弯 瘦。

téng luó mǎn qiáng tóu
藤 萝 满 墙 头，

ér tóng zhāi biǎn dòu
儿 童 摘 扁 豆。

——佚名

诗文今说
▼

哪个孩童不顽皮！为满足好奇心和小馋嘴，偶尔犯点错误也"很傻很可爱"。

看，天已经很晚了，一弯瘦瘦的新月挂在天上，这时候街巷里几乎没有行人了。趁着淡淡的月光，可以瞧见几个调皮的小孩子正在爬满藤蔓的墙头下偷摘扁豆呢。

写一写
▼

小读者，你有没有像诗中的儿童那样，干过什么"调皮的错事"呢？把你的故事写出来，与小伙伴分享吧。

采莲去

yē xī cǎi lián nǚ
耶 溪 采 莲 女，

jiàn kè zhào gē huí
见 客 棹 歌★回 。

xiào rù hé huā chù
笑 入 荷 花 处，

yáng xiū bù chū lái
佯★羞 不 出 来 。

——〔唐〕李白《越女词》

★ 棹歌：摇着船，唱着歌。
★ 佯：假装。

诗文今说

zài zhè jiāng shào xīng de ruò yē xī　　yǒu yì qún tiān zhēn huó pō de nǚ hái zi　　yáo zhe
在浙江绍兴的若耶溪，有一群天真活泼的女孩子，摇着

chuán er qù cǎi lián　　kàn jiàn yǒu kè rén lái　　biàn chàng zhe gē er huí fǎn　　tā men yì biān chàng
船儿去采莲。看见有客人来，便唱着歌儿回返，她们一边唱

zhe xiào zhe　　yì biān duǒ jìn le hé huā cóng lǐ　　hái jiǎ zhuāng hài xiū bù kěn chū lái
着笑着，一边躲进了荷花丛里，还假装害羞不肯出来。

想一想

dāng jiā lǐ lái kè rén de shí hou　　hǎo hái zi yìng gāi zěn yàng zuò　　shì rè qíng　 dà
当家里来客人的时候，好孩子应该怎样做？是热情、大

fāng　　yǒu lǐ mào　　hái shì xiàng zhè qún cǎi lián gū niang yí yàng hài xiū bù gǎn chū lái　　xiǎng yi
方、有礼貌，还是像这群采莲姑娘一样害羞不敢出来？想一

xiǎng　　xiě chū lái　　bìng hé xiǎo huǒ bàn fēn xiǎng nǐ de gù shi
想，写出来，并和小伙伴分享你的故事。

拜新月

kāi lián jiàn xīn yuè
开 帘 见 新 月 ，

biàn jí xià jiē bài
便 即 下 阶 拜 。

xì yǔ rén bù wén
细 语 人 不 闻 ，

běi fēng chuī qún dài
北 风 吹 裙 带 。

——〔唐〕李端《拜新月》

诗文今说

tánɡ dài yǒu bài yuè de xí sú   yí ɡè nǚ zǐ lā kāi chuānɡ lián   kàn
唐代有拜月的习俗。一个女子拉开窗帘，看

dào le yì wān xīn yuè   jiù lì jí zǒu xià tái jiē suí dì ér bài   tā duì yuè
到了一弯新月，就立即走下台阶随地而拜。她对月

liɑnɡ shuō le shén me ne   shuí yě tīnɡ bu jiàn   zhǐ kàn jiàn běi fēnɡ chuī dònɡ le
亮说了什么呢？谁也听不见，只看见北风吹动了

tā de qún dài
她的裙带。

想一想

zài wǒ ɡuó   chú le hàn zú yǒu zhōnɡ qiū   bài yuè   de xí sú   xǔ duō shǎo shù mín zú
在我国，除了汉族有中秋"拜月"的习俗，许多少数民族

yě yǒu jì sì yuè shén de chuán tǒnɡ   rú dǎi zú rén   bài yuè   lái jì niàn yīnɡ xiónɡ yán jiān
也有祭祀月神的传统。如傣族人"拜月"来纪念英雄岩尖；

miáo zú rén   bài yuè   qí qiú ài qínɡ   xiǎo pénɡ you   nǐ hái liǎo jiě nǎ xiē mín zú de   bài
苗族人"拜月"祈求爱情。小朋友，你还了解哪些民族的"拜

yuè   xí sú ne
月"习俗呢？

马儿快快跑

hú mǎ　　　hú mǎ
胡马 ★ ，　胡马 ，

yuǎn fàng yān zhī shān xià
远 放 燕 支 山 下 ，

páo shā páo xuě dú sī
跑 ★ 沙 跑 雪 独 嘶 ，

dōng wàng xī wàng lù mí
东 望 西 望 路 迷 。

mí lù　　　mí lù
迷 路 ，　迷 路 ，

biān cǎo wú qióng rì mù
边 草 ★ 无 穷 日 暮 。

——〔唐〕韦应物《调笑令·胡马》

★ 胡马：中国西北地区所产的马。
★ 跑：指兽蹄刨地。
★ 边草：边境的野草。

诗文今说

zhè shǒu cí miáo huì le yì fú cǎo yuán jùn mǎ tú　　chéng qún de jùn mǎ fàng mù yú yān
这首词描绘了一幅草原骏马图。成群的骏马放牧于燕

zhī shān xià de dà cǎo yuán shàng　mián yán de qún shān　wú biān de cǎo yuán　bēn téng de jùn
支山下的大草原上，绵延的群山、无边的草原、奔腾的骏

mǎ　　gòu chéng le yì fú xióng wěi zhuàng lì de tú jǐng
马，构成了一幅雄伟壮丽的图景。

古诗词中的"胡马"

hú mǎ yī běi fēng　　yuè niǎo cháo nán zhī
胡马依北风，越鸟巢南枝。　　——〔汉〕《古诗十九首·行行重行行》

dàn shǐ lóng chéng fēi jiàng zài　　bú jiào hú mǎ dù yīn shān
但使龙城飞将在，不教胡马度阴山。　　——〔唐〕王昌龄《出塞》

遥寄一片心

qīng shí yì liǎng piàn
青 石 一 两 片，

bái lián sān sì zhī
白 莲 三 四 枝，

jì jiāng dōng luò qù
寄 将 东 洛 去，

xīn yǔ wù xiāng suí
心 与 物 相 随。

——〔唐〕白居易《莲石诗（节选）》

诗文今说

yì liǎng piàn qīng shí　　sān sì zhī bái lián　　jì dào dōng luò lǎo péng you nà lǐ qù
一两片青石，三四枝白莲。寄到东洛老朋友那里去，

tóng shí yě jì qù le duì péng you de sī niàn　　shī rén bái jū yì zuì yào hǎo de péng you zhù
同时也寄去了对朋友的思念。诗人白居易最要好的朋友住

zài dōng luò　　tā jì gěi péng you de　　qīng shí　　hé　　bái lián　　shì shī rén hé péng you
在东洛，他寄给朋友的"青石"和"白莲"是诗人和朋友

zhēn zhì yǒuqíng de xiàngzhēng
真挚友情的象征。

古诗词中的"友情"

tóu wǒ yǐ mù táo　　bào zhī yǐ qióngyáo
投我以木桃，报之以琼瑶。　　——《诗经·卫风·木瓜》

jiāngnán wú suǒ yǒu　　liáo zèng yì zhī chūn
江南无所有，聊赠一枝春。　　——〔南北朝〕陆凯《赠范晔》

qiān lǐ sòng é máo　　lǐ qīngqíng yì zhòng
千里送鹅毛，礼轻情意重。　　——〔明〕徐谓《路史》

画 鸡

tóu shàng hóng guān bú yòng cái
头 上 红 冠 不 用 裁 ,

mǎn shēn xuě bái zǒu jiāng lái
满 身 雪 白 走 将 来 。

píng shēng bù gǎn qīng yán yǔ
平 生 不 敢 轻 言 语 ,

yí jiào qiān mén wàn hù kāi
一 叫 千 门 万 户 开 。

——〔明〕唐寅

★ 裁:剪裁、制作。 ★ 走将来:走过来。 ★ 平生:平素。

诗文今说

tóu shàng xiān hóng de mào zi yòng bu zháo qù cái jiǎn　chuān zhe yì shēn jié bái de yī shang zǒu le
头上鲜红的帽子用不着去裁剪，穿着一身洁白的衣裳走了

guò lái　píng sù cóng bù qīng yì kāi kǒu shuō huà　dàn tā yì tí jiào　qiān jiā wàn hù jiù huì bǎ
过来。平素从不轻易开口说话，但它一啼叫，千家万户就会把

mén dǎ kāi
门打开。

shī rén zhuā zhù le xióng jī de wài mào yǔ xìng gé tè zhēng jìn xíng miáo xiě　tōng guò zàn tàn
诗人抓住了雄鸡的外貌与性格特征进行描写，通过赞叹

xióng jī　biǎo dá le zì jǐ de jīngshénmiànmào yǔ rén gé zhuī qiú
雄鸡，表达了自己的精神面貌与人格追求。

古诗词中的"鸡鸣声"

xióng jī yì shēng tiān xià bái
雄鸡一声天下白。　——〔唐〕李贺《致酒行》

sān gēng dēng huǒ wǔ gēng jī　zhèng shì nán ér dú shū shí
三更灯火五更鸡，正是男儿读书时。　——〔唐〕颜真卿《劝学诗》

fēi lái shān shàng qiān xún tǎ　wén shuō jī míng jiàn rì shēng
飞来山上千寻塔，闻说鸡鸣见日升。　——〔宋〕王安石《登飞来峰》

「男儿第一志气高，年纪不妨小。哥哥弟弟手相招，来做兵队操。」——在华夏壮丽的山河间，乌瓦白墙的课室里，曾响起稚嫩中国少年的歌声，音声雄壮，逸兴横飞。

（本章绘图：胡晓蕊）

学堂乐歌

歌声振林樾

奔跑在春天里

春雨之后，
chūn yǔ zhī hòu
春草勃生。
chūn cǎo bó shēng

门外平地，
mén wài píng dì
一片青色。
yí piàn qīng sè

野花千百，
yě huā qiān bǎi
开于草际。
kāi yú cǎo jì

草如锦，
cǎo rú jǐn
花如绣。
huā rú xiù

看图找春天

tà qīng shì wǒ guó de chuán tǒng xí sú   chūn nuǎn huā kāi de jì jié   rén men jié
踏青是我国的传统习俗。春暖花开的季节，人们结

bàn chū yóu   zài jiāo yě zhōng wán lè   gǎn shòu chūn tiān de qì xī   xiǎo péng you
伴出游，在郊野中玩乐，感受春天的气息。小朋友，

zhǎo zhǎo kàn   tú zhōng yǒu nǎ xiē tà qīng huó dòng
找找看，图中有哪些踏青活动？（在方框前画"√"）

dàng qiū qiān
□ 荡秋千

fàng zhǐ yuān
□ 放纸鸢

zhuō hú dié
□ 捉蝴蝶

tī cù jū
□ 踢蹴鞠

zhé liǔ zhī
□ 折柳枝

dòu bǎi cǎo
□ 斗百草

春游好去处

xiǎo péng you   nǐ zhī dào nǎ xiē fēng jǐng míng shèng   xiàng zhǔn bèi wài chū chūn yóu
小朋友，你知道哪些风景名胜？向准备外出春游

de rén men lái tuī jiàn yí xià
的人们来推荐一下！

爱吃棒棒糖：春城无处不飞花，春城昆明在我心中排第一。

小苹果：烟花三月下扬州，谁可以带我去扬州玩玩。

我的滑板鞋：欲把西湖比西子，西湖的春景美得不像话。

先生勤教科。读书已二册，识字一千多。学堂乐，乐如何？请君同唱放假歌。

★ 吾曹：我们。

古代的小学生 怎么放假？

因为古人大多数都是农民，所以孩子们上学一般也是"春夏务农冬入学"，是在农历十月的冬日进学堂。宋朝诗人陆游就在《冬日郊居》一诗中写过"儿

学堂乐歌
XUE TANG YUE GE

放假歌

学堂乐，乐如何？

请君听我放假歌。

吾曹自到此，

一岁忽将过。

相亲爱，

同学，

……童冬学闹比邻"的句子。那么冬天上学什么时候放假呢？其实，古代的孩童是没有固定寒暑假期的，一般是在年末，或者清明、端午等传统节日休息一两天，平时概不放假呢！

夏夜里会发光的花—萤火虫

一到夏天的夜晚，在郊野的草丛中便会有一闪一闪的光亮飞舞着，像一朵朵盛开在夏夜里的花。这时，住在乡村的人们，吹着凉凉的夜风，听着虫鸣，身边有着漫山遍野的星光飞舞，仿佛进入了童话世

来也匆匆去匆匆。

来也匆匆去匆匆，

候仙子上天宫，

要请求他发一点风，

好让闷热松一松。

jiè ér zhè fēi wǔ zhe de xiǎo jīng líng jiù shì yíng huǒ chóng
界，而这飞舞着的小精灵，就是萤火虫。

ér gǔ rén gèng shì duì yíng huǒ chóng zhōng ài yǒu jiā hào xué de jìn cháo rén chē yìn jiù kào zhuō lái de yíng huǒ chóng de guāng liàng yè dú chéng cái de
而古人更是对萤火虫钟爱有加，好学的晋朝人车胤就靠捉来的萤火虫的光亮夜读成才的。

萤火虫

kàn diǎn diǎn yíng huǒ chóng
看点点萤火虫，

měi gè tí zhe xiǎo dēng lóng
每个提着小灯笼；

fǎng fú gēng fū xún hēi yè
仿佛更夫巡黑夜，

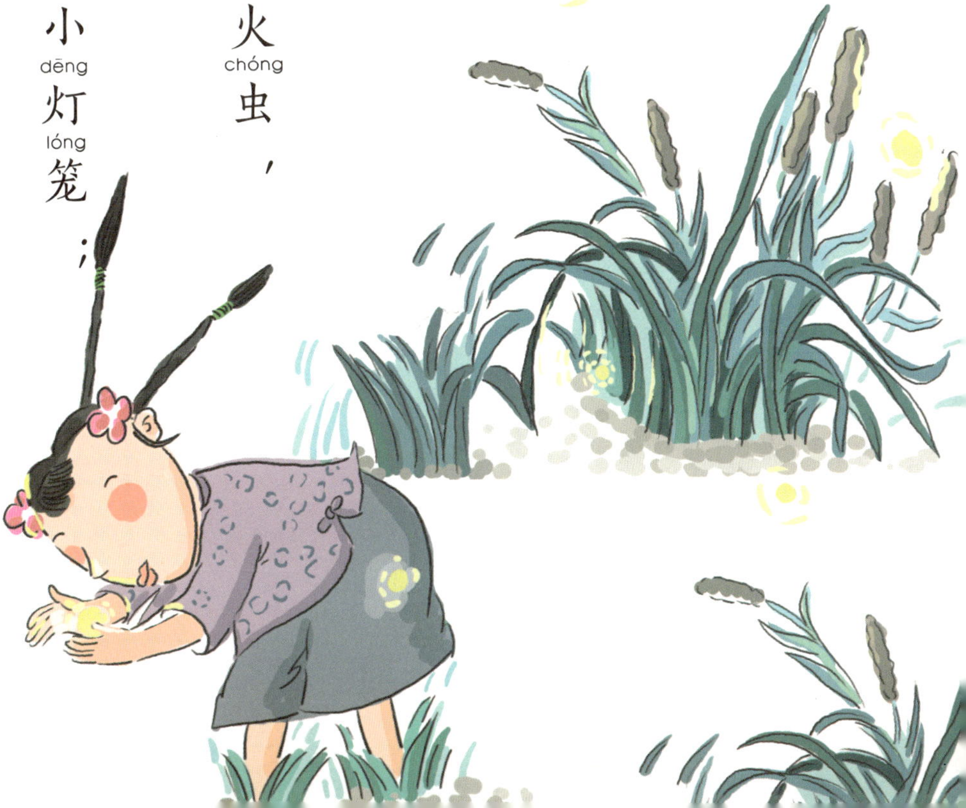

猩猩猴子像兄弟，

河马海狗做朋友。

黑熊来去撞铁栅，

只想寻路走。

★ 栅：用竹木铁条等做成的阻拦物。

动物园

dòng wù yuán lǐ duō qí shòu
动物园里多奇兽,

hǔ bào shī xiàng yàng yàng yǒu
虎豹狮象样样有。

dài shǔ bān mǎ cháng jǐng lù
袋鼠斑马长颈鹿,

hái yǒu dú jiǎo niú
还有独角牛。

龙旗一面飘飘，
铜鼓咚咚咚敲。
一操再操日日操，
操到身体好。
将来打仗立功劳，
男儿志气高。

男儿第一志气高

男 nán 儿 er 第 dì 一 yī 志 zhì 气 qì 高 gāo ,

年 nián 纪 jì 不 bù 妨 fáng 小 xiǎo 。

哥 gē 哥 ge 弟 dì 弟 di 手 shǒu 相 xiāng 招 zhāo ,

来 lái 做 zuò 兵 bīng 队 duì 操 cāo 。

兵 bīng 官 guān 拿 ná 着 zhe 指 zhǐ 挥 huī 刀 dāo ,

小 xiǎo 兵 bīng 放 fàng 枪 qiāng 炮 pào 。

队(duì)伍(wu)很(hěn)整(zhěng)齐(qí)。

晚(wǎn)上(shàng)一(yì)同(tóng)宿(sù)，

白(bái)天(tiān)一(yì)同(tóng)飞(fēi)，

相(xiāng)亲(qīn)相(xiāng)爱(ài)不(bù)分(fēn)离(lí)。

雁南飞

xī fēng qǐ qǐ
西风起，

yàn nán fēi
雁南飞。

yí huìr pái chéng yī zì
一会儿排成一字，

yí huìr pái chéng rén zì
一会儿排成人字，

发现秋天

xiǎo péng you qiū tiān dào le dà yàn wǎng nán fēi xià miàn de nǎ xiē
小朋友，秋天到了，大雁往南飞。下面的哪些
jǐng wù shì zài qiū tiān lǐ cháng jiàn de ne huà gè gōu gōu ba
景物是在秋天里常见的呢？画个勾勾吧！

○ ○ ○ ○ ○

因寒畏缩笑懦夫，
为国奋斗仗少年。
解开书包便勤读，
万里前程誓加鞭。

★ 姊姊：姐姐。
★ 仗：凭借，依靠。

冬天里的小故事

小朋友，你知道下面哪些故事是发生在冬天吗？

囊萤夜读 ○　　拔苗助长 ○　　咏絮才 ○

程门立雪 ○　　踏雪寻梅 ○　　七步诗 ○

雪夜读书

fēng 风
fēng 风
xuě 雪
xuě 雪
yì 一
zhěng 整
tiān 天，

xiāng 乡
cūn 村
rén 人
jìng 静
huáng 黄
hūn 昏
qián 前。

gē 哥
ge 哥
bú 不
nài 耐
lǐ 理
yè 夜
kè 课，

zǐ 姊
zi 姊
lǎn 懒
de 得
zuò 做
zhēn 针
xiàn 线。

那些或者纯真质朴、或者丰富大气的民间故事，从最美的童年开始，滋润、塑造我们儿童时代的心灵和情感世界，并感动着我们成年后的生命和岁月。犹如那陌上青青碧草映花开，长久芬芳着我们的心灵。

（本章绘图：王晓鹏、虎子、瓢虫、羽狐）

民间故事

陌上有花开

孔子学琴

小朋友，你听说过"读书百遍，其意自见"吗？这句话的意思是：书读了许多遍后，自然就会明白它的道理。下面这个故事说的也是这个道理。

孔子非常喜爱音乐，曾经向著名乐师师襄子学琴。

十天过去了，孔子不厌其烦地弹奏着同一首曲子。师襄子说："你已经练了十天，可以学首新曲子了。"

孔子答道："可我还没懂其中的技巧啊。"

又过了十天，师襄子看到孔子弹奏很熟练了，就说："现在可以学新曲子了吧。"

孔子又说："我还没弄明白这首曲子讲的是什么啊。"

又过了些日子，师襄子听孔子弹了一曲，由衷地说："曲子弹得很好了，可以学新的了。"

可孔子还是认真地回答说："我虽然弹得像模像样了，但还不知道作者是一个怎样的人啊！"

再过了许多天，师襄子再次来听孔子弹琴，他静静地坐在孔子身旁，感情随着抑扬的琴声起伏不平。突然，琴声戛然而止，孔子站起来，激动地说："老师，我好像看到了一个胸怀远大的人在登高望远，莫非他是一位君王？"

师襄子佩服地竖起大拇指："你说得对。这首曲子正是周文王所作。要是人人都能像你这样学习，世上哪还有学不会的东西呢？"

漏

漏好厉害，赶跑了小偷，吓走了老虎……
这个漏到底是谁？

lǘ bèi shānshàng de wáng lǎo hàn　　yǎng le yì tóu dà pàng lǘ
驴背山上的王老汉，养了一头大胖驴。

shānshàng de lǎo hǔ kàn jiàn le　　xīn xiǎng　　dà pàng lǘ yí dìng hěn hào chī
山上的老虎看见了，心想："大胖驴一定很好吃！"

shān xià de xiǎo tōu kàn jiàn le　　xīn xiǎng　　dà pàng lǘ yí dìng zhí gè hǎo jià qián
山下的小偷看见了，心想："大胖驴一定值个好价钱！"

yì tiān wǎnshang　　xiǎo tōu bā kāi le wū dǐng　　lǎo hǔ wā kāi le qiáng jiǎo
一天晚上，小偷扒开了屋顶，老虎挖开了墙脚。

yí　　shén me shēng yīn　　wáng lǎo hàn bèi jīng xǐng le
"咦，什么声音？"王老汉被惊醒了。

guǎn tā shì shén me　　wǒ dōu bú pà　　jiù pà lòu　　lǎo tài pó shuō
"管他是什么，我都不怕，就怕漏！"老太婆说。

lòu　　wǒ zǒu nán chuǎng běi zhè me duō nián　　hái cóng méi pèng dào guò lòu　　nán
"漏？我走南闯北这么多年，还从没碰到过漏。难

dào zhè jiā huo bǐ wǒ hái lì hai　　xiǎo tōu xiǎng
道这家伙比我还厉害？"小偷想。

lòu　　wǒ fān shān yuè lǐng zhè me duō nián
"漏？我翻山越岭这么多年，

hái cóng méi pèng dào guò lòu　　nán dào zhè jiā huo bǐ
还从没碰到过漏。难道这家伙比

wǒ hái lì hai　　lǎo hǔ xiǎng
我还厉害？"老虎想。

这时，小偷脚一滑，"扑通"一声，正好摔在了老虎身上，小偷大叫一声："哎呀，是漏啊！"

老虎被重重压了一下，也吓得大叫一声："哎呀，是漏啊！"

老虎驮着小偷，拔腿就跑。它跑过了驴背山，拐过了驴背湾，"嘭"地一声，一头撞在树干上，小偷被高高地抛上了天空，挂在了一根树枝上。

"好险啊！"小偷想，"这个漏好厉害，像旋风一样，颠得我的骨头都要散架了！"

"好险啊！"老虎想，"这个漏好厉害，像石头一样，压得我心都要蹦出来了！"

这时候，突然下起了雨。哗啦啦……雨越下越大，嘀嗒，嘀嗒。"唉——怕漏雨，偏又漏了！"老太婆说。

捉 屁

屁是一阵风，如何才能捉到？读下面这个故事，想一想，县官是个什么样的人？老衙役又是什么样的人？

bāng bāng bāng
"梆梆梆……" "威……武……" 棍棒声和衙役们整齐的低呼声在县衙内响起，县官从后堂一路小跑过来，把惊堂木往桌子上一扔，气喘吁吁地问："谁？谁？有何冤屈？"

"噗——"一声急促又悠长的屁声回答了县官的提问。

县官大怒，随口就吩咐衙役们："刚才是什么东西发出的声音？你们快去把它抓来受审。"

衙役们目瞪口呆。其中一个

nián lǎo de dà zhe dǎn zi jiě shì shuō　　lǎo ye　gāng cái fā chū
年老的大着胆子解释说："老爷，刚才发出

shēng yīn de shì pì　pì shì yí zhèn fēng　chuī sàn biàn méi le yǐng
声音的是屁。屁是一阵风，吹散便没了影

zōng　zhè jiào xiǎo de men rú hé néng zhuā lái
踪，这叫小的们如何能抓来？"

xiàn guān tīng le gèng jiā nǎo nù　bú wèn qīng hóng zào bái　zhì
县官听了更加恼怒，不问青红皂白，质

wèn lǎo yá yi　　pì gěi le nǐ shén me hǎo chù　wèi hé yào wèi
问老衙役："屁给了你什么好处，为何要为

tā shuō qíng　wǒ bù guǎn nǐ yòng shén me bàn fǎ　fǎn zhèng yào bǎ
它说情！我不管你用什么办法，反正要把

zuì fàn gěi wǒ zhuā lái
罪犯给我抓来。"

lǎo yá yi wú kě nài hé　cōng cōng tuì xià　bù yí huìr
老衙役无可奈何，匆匆退下。不一会儿，

zhǐ jiàn tā niē zhe bí zi　qǔ lái yì tuó fèn biàn　yì běn zhèng jīng
只见他捏着鼻子，取来一坨粪便，一本正经

de xiàng xiàn guān huì bào　bǐng gào dà ren　zhǔ fàn pǎo le　méi
地向县官汇报："禀告大人，主犯跑了，没

yǒu zhuā dào　dàn shì wǒ bǎ zhǔ fàn de jiā shǔ zhuō lái le　qǐng dà
有抓到，但是我把主犯的家属捉来了，请大

ren chǔ zhì
人处置。"

岂有此理

话也会丢失？真是好奇怪好奇怪的事情啊！到底是怎么回事呢？

gǔ shí hou yǒu gè xìng zhāng de shū shēng，xué xí
古时候有个姓张的书生，学习
yǔ yán shí fēn rèn zhēn
语言十分认真。

yǒu yí cì   tā shàng shì chǎng mǎi dōng xi
有一次，他上市场买东西，
tīng dào yí zhèn chǎo mà shēng   yǒu rén shuō le yí jù
听到一阵吵骂声，有人说了一句
qǐ yǒu cǐ lǐ   tā jué de jì xīn xiān yòu hǎo
"岂有此理"，他觉得既新鲜又好
wán   jiù yí biàn yí biàn de bèi ya   jì ya
玩，就一遍一遍地背呀、记呀，
zài huí jiā de lù shàng   zuǐ lǐ hái yì zhí niàn zhe
在回家的路上，嘴里还一直念着：
qǐ yǒu cǐ lǐ   qǐ yǒu cǐ lǐ
"岂有此理，岂有此理……"

来到岸边，眼看渡船就要开了，他急匆匆地高声呼喊："船家，等等我！"谁知这一声吆喝之后，他再也想不起之前一直念叨的那句话。

张生急得像无头苍蝇一样，从船头找到船尾。船家看他如此焦急地寻找着什么，便问道："客官，您到底丢了什么东西啊？"

"我丢了一句话。"张生懊恼地说。

船家听了，暗暗发笑，说："话也会丢失？真是岂有此理！"

张生听到船家的话，立刻转忧为喜："原来是你捡到了这句话，为什么不早告诉我呢，害我白白找这么久。"

宰相肚里能撑船

怎么办？宰相的眉毛被剃头师傅刮掉了，这要是怪罪下来，可是吃不了兜着走的啊！

宰相去剃头，剃到一半时，"阿嚏"，宰相一个大喷嚏，吓得剃头师傅手一抖，不小心把宰相的眉毛刮掉了，他暗暗叫苦："怎么办？宰相要是怪罪下来，可是吃不了兜着走！"

剃头师傅急中生智，停下了手里的剃刀，眼睛直愣愣地盯着宰相的肚皮，仿佛要把宰相的肚皮看穿一样。

宰相感到莫名其妙，不解地问道："怎么，难道我的头发长在肚皮上不成？"

剃头师傅装出一副傻乎乎的样子说："人们都说宰相肚里能撑船，但是船那么大，您的肚皮并不大，怎么撑得下啊？"

宰相哈哈大笑："那可不是说往肚子里放一艘船，而是说宰相的度量大，对小事不计较。"

剃头师傅听了这话，"扑通"一声跪在地上，声泪俱下地说："小的该死，刚才剃头的时候手一抖，不小心将相爷的眉毛刮掉了！相爷您气量大，还请赎罪。"

宰相一听眉毛被刮掉了，今后怎么见人呢？不禁勃然大怒，正要发作，想起自己刚讲过宰相度量大，对小事不计较，于是便豁达温和地说："无妨，你把笔拿来，把眉毛画上就是了。"

偃师献技

木偶会唱歌跳舞，还和真人一模一样，难道是电动的？可古时候也没电呀，到底怎么回事？

西周时，洛邑有个个手艺奇巧的技师，名叫偃师。

这一天，偃师带着一个衣着鲜艳的人去拜见穆王。他恭敬地说："大王，这是小人制做的一个会歌舞的人。"

穆王发现这个假人看上去和真人一模一样，就说："你这个假人的外形制作还算精致，要说会唱歌跳舞我可不信。"

偃师听了，就命假人表演节目。这个假人唱起歌来有板有眼、合乎节拍；舞蹈起来千变万化、舒展自如。当表演快结束时，假人竟然不住地眨眼睛，望着穆王左右的嫔妃，向她们表示爱慕。

穆王见了，勃然大怒道："好你个偃师，竟敢用真人冒充假人，糊弄本王，我要判你个欺君之罪。"说着，就要把偃师推出去斩首。

偃师吓坏了，赶紧抓住假人，拧下他的脑袋，剖开他的胸膛，扯断他的手脚给穆王看。穆王仔细一看，这些肢体、器官都是用一些皮革、木块、胶、漆等制成的。接着，偃师把这些东西重新组装起来，又成为一个会眉目传情的人了。

穆王大为诧异，为了弄个明白，命人把假人的心脏摘去，假人立刻不能唱歌了；把肾脏摘去，假人立刻不能走路了。穆王这才转怒为喜，感叹地说："你的技巧竟能达到这般地步，真是巧夺天工啊！"

打架打出状元郎

从小爸妈就告诉我们打架不是好孩子，可这个人打架居然打成了状元郎，发生了什么？

北宋初年，王嗣中参加科举考试，以第二名的成绩中了进士。但王嗣中很不服气，认为排在第一名的进士赵昌言不如自己，于是就向有关部门投诉。

当时，考试名次虽然排出来了，但还没宣布状元是谁，所以王嗣中就想争一把，把这个状元争过来。此事反馈到了宋太祖赵匡胤那里，赵匡胤没经历过这种事，就命人将王嗣中和赵昌言二人带到殿上来，让他们分别陈述

理由。于是，二人就在大殿上吵了起来，各说各的理，谁也不服谁。

赵匡胤心想：这样吵下去，吵到天亮也吵不出结果啊！便对二人说："你们别吵了，现在，你们二人以手相互搏斗，谁胜了谁就是状元！"

众人一听，以为皇帝是在开玩笑呢，但王嗣中反应快，趁赵昌言还在发愣的时候，就抬手向赵昌言头上打去。赵昌言是个秃头，当时戴着帽子，王嗣中一打，一下子把他的帽子打掉了，露出了明晃晃的秃顶；王嗣中捡起赵昌言的帽子，向赵匡胤说："陛下，臣胜了！"众人见了，哈哈大笑起来，赵匡胤也大笑起来，宣布说："好吧，那就以王嗣中为状元，赵昌言为榜眼吧！"

张巡借箭抗敌兵

连皇帝都逃跑了，这个国家还有希望吗？不怕！有一位张将军率领四千兵士顶住了四万敌军的进攻。

唐朝中期，国家发生了动乱，连皇帝都逃出了京城，而有个叫张巡的将领率领着仅有的四千士兵守在河南的雍丘。

当时敌人有四万大军扑向雍丘，守城的士兵都很紧张，张巡却胸有成竹地说："敌人气势虽凶，却轻敌。现在我们出其不意出击，一定能获胜。"

于是，他派一千人登城防守，自己亲率一千人，分成数个小队，开城门突然冲出。张巡身先士卒，打得敌军人仰马翻，纷纷败退。

张巡知道自己的兵少，所以以坚守为主，或者乘天黑偷袭敌营。这样坚持了六十余天，叛军无计可施，只得将雍丘城团团围住。

不久，城中箭已用完。张巡效法诸葛亮草船借箭的妙计，命士兵做了一千余个草人，披上黑衣，趁夜晚用绳索吊到城下。敌军以为城中守军要突围偷袭，纷纷用箭射击。过了很久，他们才发现城上吊下来的是草人。但这时，草人浑身都射满了箭，有数十万支。

后来，张巡又趁黑夜将五百名敢死队坠下城去，贼兵以为又是草人，所以也不防备。五百名敢死队便冲入敌营，敌军猝不及防，大败而逃。这样，张巡不仅确保了城池不失，而且在战斗中反败为胜，给敌军以沉重打击。

生命是最宝贵的，可这个人为了朋友，可以放弃自己的生命。他是谁？

古时候，有两位好朋友左伯桃、羊角哀一同去楚国寻找施展才华的机会。半路上，遇到漫天大雪，天寒地冻，他们衣着单薄，带的食物又少，很可能因此冻死。这时，羊角哀看到路边有一棵枯桑树，树洞之中能容下一人，遮挡风雪。他便扶兄长左伯桃进去坐下。

左伯桃坐下以后，让羊角哀去找些枯枝烧火抵御寒气。等到羊角哀找柴回来，只见左伯桃脱了所有的外衣放在一边。羊

羊左之交

角哀大惊："兄长你干什么？"左伯桃说："我想不出什么办法了。这漫天风雪，与其两个人都死在这，不如你穿上我的衣服，带上干粮去楚国，我死后你只要还记得我这朋友就够了。"羊角哀上前抱住左伯桃大哭，说："我二人同生共死，怎能分离？"可是，左伯桃平时就多病，这时，又冻又饿，已经奄奄一息了。而羊角哀几番拒绝，左伯桃坚决不穿上外衣。羊角哀心想："再过一会儿，我也冻死了，谁来埋葬兄长？"于是在雪中哭拜告别，左伯桃微微点头，转瞬气绝。

羊角哀只得取了衣服、干粮，忍着饥寒，边走边哭，来到楚国。他最终凭借才华，受到楚王赏识，受封中大夫。羊角哀向楚王说起与左伯桃的故事，楚王也十分感动，命羊角哀回到那棵桑树下，厚葬了左伯桃。

杨露禅陈家沟学艺

想学功夫吗？看看杨露禅是怎样成为一代太极宗师的。

杨露禅是创立杨氏太极拳的宗师。他从小就痴迷武术，但因为家里穷，年轻时靠推车卖煤生活。

一天，杨露禅在给"太和堂"药店送煤时，见店门前围着很多人。原来，是恶霸王家兄弟正在闹事，没想到药店的小伙计身手不凡，用一种动作姿势非常奇怪的拳术，把王家兄弟摔得鼻青脸肿，狼狈不堪。

杨露禅早就听说药店陈掌柜会一种很神奇的、动作慢悠悠地像是捉鱼的拳术，没想到药店的伙计也那么厉害。

杨露禅随即萌生了学习拳术的想法，他决定去药店做伙计。杨露禅很聪明，人又勤快，深受陈掌柜的喜爱，陈掌柜就将他送到老家陈家沟做工。

陈家沟是太极拳的发源地，当时的宗师陈长兴恰好在招收徒弟，但照规矩，只有姓陈的才能学。杨露禅只能每天打扫场地、搬器械、倒茶水。干完活，他就站在不远处的高坡上，边看边比划、揣摩。

这样学了几年，一天晚上，杨露禅自己偷偷练习的时候被陈长兴发现了。那时候，偷师学艺可是一大禁忌，轻则要废去所学武功，重则性命难保。

陈长兴问清原委后，回想这几年杨露禅的表现，觉得杨露禅为人忠厚、好学上进，破例收他为徒。杨露禅前后学拳历时18年，终成一代宗师。

鲁迅先生的童年记忆里，最使他迷恋的是《山海经》绘本里充满幻想神秘的怪、力、乱、神。走进神话的世界，儿童便进入了充满魅力的乐游园。

（本章绘图：陈香果）

神话传说

雪泥鸿爪千年事

páng
逢蒙盗药

hòu yì jiā yǒu yì bāo xiān yào
1. 后羿家有一包仙药，

chuánshuō chī le jiù néng fēi tiān chéng xiān
传说吃了就能飞天成仙。

gé bì cūn de páng méng hào chī lǎn
2. 隔壁村的逢蒙好吃懒

zuò què yì xīn xiǎng chéng xiān tā tīng shuō
做，却一心想成仙。他听说

hòu yì yǒu xiān yào jiù gé sān chà wǔ tí
后羿有仙药，就隔三差五提

zhe hǎo jiǔ hǎo cài zhǎo hòu yì
着好酒好菜找后羿。

nǐ lái wǒ wǎng jiàn jiàn
3. 你来我往，渐渐

de páng méng hé hòu yì chéng le hǎo
地，逢蒙和后羿成了好

péng you
朋友。

4.一天，后羿外出，逢蒙知道后故意提着酒菜找上门来。嫦娥见是丈夫的朋友来做客，就热情地招呼逢蒙进屋。

5.逢蒙假意坐下，眼睛却东张西望，搜寻仙药。

6. 嫦娥去端茶，回来看见逢蒙正在屋里翻箱倒柜，顿时大惊失色。

7. 见丑事败露，逢蒙露出凶相，恶狠狠地逼嫦娥交出仙药。

8. 嫦娥自知不是逢蒙的对手，无奈之下，只好一口将仙药吞了下去。

9. 吞了仙药的嫦娥立马飘飘悠悠地飞了起来，她飞出窗子，一直飞到了月亮上，再也回不了家了。

10. 逢蒙知道闯下大祸，连夜逃跑，慌忙中竟掉进一口枯井，摔死了。

伏羲结网捕鱼

1. 很早以前，人们只知道摘野果、打野物，却
从来不吃水里的鱼。

2. 一天，天神伏羲路过河边，一条
又大又肥的鲤鱼正巧跳到他手里。伏羲
肚子刚巧也饿了，便在河边生火烤鱼。

3. 鱼的香味吸引了很多路人，伏羲大方地把鱼分享给大家，人们这才知道原来鱼的味道那么好，于是纷纷下河捉鱼吃。

4. 这样一来，龙王不高兴了，他带着军师乌龟和伏羲谈判。乌龟看着在河中忙活的人，眼珠一转，计上心来。

5.龙王听了龟军师的计谋后连连点头，他对伏羲说："人类可以捕鱼，但不能再踏入河中半步。"伏羲听后一口答应下来。

6.龙王走后，伏羲开始冥思苦想新的捕鱼法。一只正在结网的蜘蛛让他灵光一闪，他高兴得跳了起来。

7. 伏羲跑到山里，扯来一些藤条，学蜘蛛织了一张大网。他把网放到水里，自己躲在岸上，静静等着。过了一会儿，伏羲猛地把网一拉，哈哈，里面全是活蹦乱跳的鱼儿！

8. 龙王发现人们不用下河也能捕到很多鱼，气得吹胡子瞪眼，可是除了把出馊主意的龟军师革职以外又能有什么办法呢？

炎帝创市

1. 远古时期有位受人爱戴的君王——炎帝，他喜欢四处考察民情。一天正午，他路过一家农户，看见农户的饭桌上摆满了各种谷物和蔬菜，唯独不见肉的踪迹。

2. 原来农户只会种庄稼，不会打猎、捕鱼，所以没有肉吃。炎帝知道后心里很难受。

3. 过了几天，炎帝又来到一个猎户家，这次，他在饭桌上不仅看见了各种兽肉，还有谷物和蔬菜。

4. 猎户告诉炎帝，他打猎归来，路过一家农户，便用兽肉交换了一些谷物和蔬菜。

5. "拿吃不完的东
西去交换自己需要的东
西，这真是个好办法！"
炎帝喜出望外地说道。

6. 炎帝又想一计：如果把交
换的时间定在正午，既方
便记忆，又能赶在天
黑前回家。不是
很好吗？

7. 炎帝把这个决定告诉人们，大家听了
都高兴地奔走相告。

8. 从此，每天正午，人们从四面八方聚集到一起交
换物品。渐渐地，就形成了集市，我们今天的商品交易，
就是由此而来的。

刑天舞干戚

yuǎn gǔ shí   huáng dì hé yán dì
1. 远古时，黄帝和炎帝
zhī jiān fā shēng le yì chǎng dà zhàn zhēng   zài
之间发生了一场大战争。在
zhè cì zhàn zhēng zhōng   huáng dì qǔ dé le shèng
这次战争中，黄帝取得了胜
lì   chéng le bù luò shǒu lǐng
利，成了部落首领。

ér yán dì wèi le néng ràng bǎi xìng guò
2. 而炎帝为了能让百姓过
shàng ān dìng de shēng huó   jiù yǐn jū nán shān
上安定的生活，就隐居南山，
qián xīn zuān yán yī shù
潜心钻研医术。

yán dì yǒu yí gè jiào xíng tiān de bù xià　　tā shí fēn
3. 炎帝有一个叫刑天的部下，他十分

zūn jìng yán dì　　xíng tiān céng hé chī yóu yì qǐ quàn yán dì fā
尊敬炎帝。刑天曾和蚩尤一起劝炎帝发

dòng fù chóu zhàn zhēng　　dàn yán dì jiān jué bù tóng yì
动复仇战争，但炎帝坚决不同意。

hòu lái chī yóu zì jǐ lǐng jūn jìn gōng huáng dì　　jié guǒ shī bài le　　hái bèi kǎn
4. 后来蚩尤自己领军进攻黄帝，结果失败了，还被砍

xià le tóu　　xíng tiān tīng shuō yǐ hòu shí fēn shēng qì　　jué dìng qù zhǎo huáng dì bào chóu
下了头。刑天听说以后十分生气，决定去找黄帝报仇。

xíng tiān zuǒ
5.刑天左
shǒu ná dùn pái   yòu
手拿盾牌，右
shǒu ná bǎo jiàn   yí
手拿宝剑，一
lù shā dào huáng dì
路杀到黄帝
de gōng mén qián
的宫门前。

huáng dì qīn zì chū gōng yíng zhàn   hé xíng tiān zhàn zài yí chù   sī shā de tài
6.黄帝亲自出宫迎战，和刑天战在一处，厮杀得太
yáng yě shī qù le guāng cǎi   tiān dì zhī jiān yí piàn hūn àn
阳也失去了光彩，天地之间一片昏暗。

7. 他们打了三天三夜，刑天越战越勇，再这样下去，黄帝一定会失败。于是，他看准时机，猛一下，将刑天的头砍了下来。

8. 刑天的头滚落到了山脚下，他就蹲下身来用双手在地上摸。被他摸过的地方，树木折断了，岩石也都碎了。

9. 黄帝见刑天还没死，怕他再找到头，就用剑将常羊山劈开。刑天的头掉到了山缝里，而山马上又合上了。

10. 听见响声，刑天知道自己的头已被埋在山里了。他身体里爆发出更加巨大的力量，又站了起来，双乳变成眼睛，肚脐变成嘴，继续和黄帝大战。

11. 也不知过了多久，刑天的体力耗尽了，于是他像大山一样倒下死了，直到死时他的手里依然紧紧地握着盾牌和宝剑。

12. 刑天那股忠诚、执著的精神感动了黄帝，黄帝下令将他葬在常羊山下，并为他举行了隆重的葬礼。

刑天之墓

神农尝百草

1. 上古时候，五谷和杂草都长在一起，药物和百花也在一起开放。

2. 可什么能吃，哪些有毒，谁也分不清。人们常因误食而中毒或生病，当时也没有医药，生死都只能听天由命！

3. 炎帝神农氏决定尝遍天下百草为百姓寻找解毒治病的良药。

4.有一次，神农尝了一朵蝴蝶样的淡红色小花，甜津津的，便为之取名"甘草"，可以用来治疗咳嗽。

5.品尝草药有生命危险，神农曾经在一天中中毒70次，他只能一边用草药解毒一边继续试验。

6. 神农的足迹踏遍山山岭岭。他尝出了麦、稻、谷子、高粱等能充饥，就叫当地百姓种植，这就是后来的五谷。

神农架

7. tā hái bǎ gè zhǒng cǎo
他还把各种草
yào de tè xìng jì lù xià lái
药的特性记录下来，
xiě chéng le yí bù yī yào diǎn
写成了一部医药典
jí shénnóng běn cǎo
籍《神农本草》。

8. kě shì yǒu yì tiān shén nóng
可是有一天，神农
cháng le yì zhǒng huā è yì zhāng yì hé de
尝了一种花萼一张一合的
dàn huáng sè xiǎo huā hòu tū rán gǎn jué
淡黄色小花后，突然感觉
gān cháng cùn duàn hái méi lái de jí chī
肝肠寸断，还没来得及吃
jiě yào jiù sǐ qù le
解药，就死去了。

9. shénnóng shì wèi rén lèi de jiàn
神农是为人类的健
kāng ér sǐ wèi le jì niàn tā
康而死。为了纪念他，
lǎo bǎi xìng bǎ tā zǒu guò de nà zuò
老百姓把他走过的那座
dà shān qǔ míng wéi shénnóng jià
大山取名为"神农架"。

仓颉造字

1. 相传仓颉在黄帝手下当官。黄帝分派他专门管理牲口、食物的数量。

2. 仓颉很聪明，做事又尽力。黄帝见他这样能干，就把祭祀的记录、狩猎的分配、部落人丁的增减，统统叫他管。

3. 由于管理的事情越来越多，光凭脑袋记不住了。那时候世间也没有文字，仓颉犯难了。

4. 仓颉先是在绳子上打结，用各种不同颜色的绳子，表示各种不同的牲口。但时间一长，又不奏效了。增加的数目在绳子上打个结很方便，可减少数目时，在绳子上解个结就麻烦了。

5. 这天，仓颉
走到一个三岔路口
时，见三个打猎老人
在争辩。一个老人坚持
要往东，说有羚羊；一个
老人要往北，说可以追到鹿群；一个老人
偏要往西，说有两只老虎，要及时打死。

6. 仓颉一问，原来他们都是看着
地下野兽的脚印才认定的。仓颉心中
猛然一喜：既然一个脚印代表一种野
兽，我为什么不能用一种符号来表示
我所管的东西呢？他高兴地拔腿奔回
家，开始创造各种符号来表示事物。
果然，把事情管理得井井有条。

7. huáng dì zhī dào hòu, dà jiā zàn shǎng,
7.黄帝知道后，大加赞赏，

mìng lìng cāng jié dào gè gè bù luò qù chuán shòu zhè
命令仓颉到各个部落去传授这

zhǒng fāng fǎ
种方法。

yú shì, cāng jié zào de fú hào zhú jiàn chuán
于是，仓颉造的符号逐渐传

dào měi gè bù luò qù。 jiàn jiàn de zhè xiē fú
到每个部落去。渐渐地，这些符

hào de yòng fǎ, quán tuī guǎng kāi le, jiù xíng
号的用法，全推广开了，就形

chéng le hòu lái de wén zì
成了后来的文字。

鲧治水

hěn jiǔ hěn jiǔ yǐ qián　　rén jiān nào le yí cì dà shuǐ zāi
1. 很久很久以前，人间闹了一次大水灾。

dà shuǐ chōng huǐ le zhuāng jia　　fáng wū
大水冲毁了庄稼、房屋。

tiān dì yǒu gè bǎo wù jiào xī rǎng
2. 天帝有个宝物叫息壤，

zhǐ yào dé dào tā　jiù néng qū gǎn zǒu hóng shuǐ
只要得到它就能驱赶走洪水。

3. 天神鲧非常同情人们的遭遇，他请求天帝借息壤救百姓，但天帝毫不理会。

4. 于是，鲧请神鸟带路，请神龟挖洞，偷出了息壤。

5.鲧把息壤放在地上，说一声"长"。息壤马上几里、几十里、几百里地伸展开来。洪水慢慢被赶退了，陆地重新露了出来。

6.人们又回到了陆地上，开始盖房子、种庄稼，重建家园。

7. 天帝知道鲧偷了息壤，十分生气，派火神祝融夺回了息壤，洪水又重新泛滥开来。

8. 鲧治水失败了。他死时，他的肚子裂开了，从里面蹦出他的儿子——大禹。

大禹治水

1. 大禹是天神鲧的儿子，鲧因治水而死，禹长大后，决定继承父亲的遗志。

2. 大禹坐着由父亲身体幻化出的黄龙四处查看灾情，发现洪水是水神共工作恶造成的。

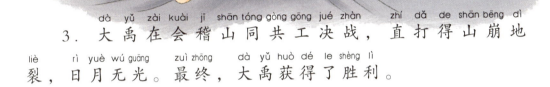

3. 大禹在会稽山同共工决战，直打得山崩地裂，日月无光。最终，大禹获得了胜利。

4. 洪水虽然不再继续泛滥，但却淹没了良田村庄，于是，大禹开始夜以继日地疏导洪水。

5. 洪水流到龙门山，大禹
挥动开山斧，把龙门山劈成
两半，河水从峭壁间流过。

6. 河水顺流而下几百里，又遇到了砥柱山，
大禹召集大家凿石开山，使河水绕山分流。

7. 为了治水，大禹走遍神州大地。

8. 大禹在外治水13年，好几次路过家门口都没有进去。有一次和儿子巧遇，父子俩竟然互不认识。

9. 多年以后，洪水终于被制服了，人们安居乐业，永远记得大禹治水的恩情。

干将、莫邪铸剑

1. 春秋时，吴国有一位擅长铸剑的工匠，叫干将，他的妻子叫莫邪。吴王要他们铸两把宝剑献上来。

2. 干将到各地名山去采集上等铁矿和各种金属的精华，然后观天象，候地时，等到天地间的阴阳二气交合会聚，众神降临时，干将才开炉铸剑。

3. 但正在鼓风熔铁时，天象突变，天气骤然变冷，炉膛里的金石不能熔化。干将大惊，却不知是什么缘故。

4. 莫邪说："听说要让神异的东西起变化，往往要有人作出牺牲才行。今天是不是也要这样呢？"干将说："以前我师傅铸剑，金石不肯熔化，他们夫妇一同跃入冶炼炉中，才成功的。"

5．莫邪听后便要跳进冶炼炉中，以身
殉剑。可是被干将拼死拦住。

6．于是莫邪剪下自己的头发，拔掉指甲，投入冶炼
炉中。干将又召集了三百个童男童女，将冶炼炉装满
煤炭，一齐拉动风箱鼓风。终
于，金石熔化，铁水淌出，干将
施展高超的技艺，将剑铸成。

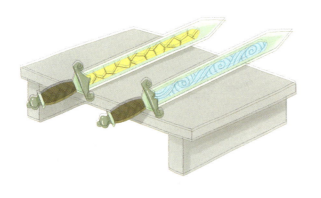

7. 铸成的两把宝
剑，一阴一阳，故称
"雌雄剑"。雄剑就
叫干将，剑上的花纹
是龟甲图形；雌剑叫
莫邪，上面刻着散漫
的水波花纹。

8. 干将把阳剑收藏起来，
只把阴剑拿去献给了吴王。吴
王得了阴剑，非常喜爱。

望帝春心
托杜鹃

1. 相传上古时，蜀地有一位名叫杜宇的部落首领，十分贤明，百姓都很爱戴他，尊称他为望帝。

2. 望帝教百姓种植庄稼的新方法，督促人民抓紧天时节令，保证生产。但当地常发洪水，大水一来就把田地都淹没了。望帝虽然苦心思索，却也想不出什么好办法。

3. 有一年，江水里浮上来一个人。令人不解的是，这个人竟然是逆流朝上。人们刚把他打捞上岸，他就醒了过来，还说自己是楚国人，名字叫鳖灵。

4. 望帝听说江水送来一个怪人，决定见见他。两人一见如故，谈得非常投机。望帝觉得鳖灵不但聪明睿智，而且水性过人，就任命他为蜀国宰相，负责治理水患。

5. 鳖灵一上任，就带领数万名工人，来到都城西北的玉垒山，开凿峡谷，疏通水渠，历尽千辛万苦，终于治理好了困扰蜀国多年的水患。

6. 望帝觉得鳖灵对蜀国的功劳大极了，决定将王位让给他，可鳖灵坚决不接受。望帝心意已决，在一个繁星满天的夜晚，独自离开王宫，隐居到西山去了。

7. 人们听说望帝不见了，便到处去寻找。一个月、两个月过去了，最后大家在西山发现了望帝，可是他已经活活饿死了。伤心的百姓只好做了一个坟墓，把这位仁慈的君主安葬了。

8. 第二年春天，望帝坟头的树上出现了一只鸟儿，一直呼唤着"布谷——布谷"，催促百姓下田播种。人们都觉得这鸟儿是望帝变化的，就为它起名叫杜宇（杜鹃），以此来怀念望帝。

五丁开山

1. 春秋时期，有很多小的诸侯国，地处西南边的蜀国就是其中的一个。蜀国国王贪财怕死，整天只想着怎么能活得更久、获得更多的财富，把蜀国弄得一团糟。

2. 当时，北边的秦国一心想要灭亡蜀国。只因为蜀国境内多山，通往蜀国的道路又只有一条既狭窄又危险的峡谷，所以一直没法行动。

3.后来，有个大臣向秦王献计："听说蜀国有五个大力士，被人称为'五丁'。他们个个力大无穷。一双手可以拔起大树，一只脚能踢倒房子，轻轻一口气就能把人吹跑……可以设法让'五丁'来为我们开辟一条路。"

4.秦王有点不相信，那个大臣在秦王耳畔又讲了一阵。秦王听了，不由得连声说："好计！好计！"

5. 秦王依计行事。

他命人做了五头大石牛，放在两国交界的地方，派人每天偷偷在牛尾巴下放一堆金子，然后散布谣言说大石牛每天都拉金屎！

6. 石牛泄金的事一传十、十传百，很快被蜀王知道了。蜀王信以为真，马上派人去和秦国交换石牛。秦王一口答应，蜀王没想到这是秦王的诡计，立刻派"五丁"去搬石牛。

7. 但是通往秦国的峡谷太窄了，石牛又那么大，五个大力士只得把峡谷拓宽。他们像拔葱一样拔掉一棵棵大树，又像踢球一样踢掉挡路的大石块。五个大力士很快就拓宽了峡谷，把石牛搬到蜀王面前。蜀王发现不过是五只普通的石牛，气得直跳脚。

8. 然而此时，秦军已经沿着"五丁"开辟的道路，攻进了蜀国。蜀国因此灭亡了。